## VENTE APRÈS DÉCÈS

### Les Lundi 17, Mardi 18 et Mercredi 19 Mars 1873.

# COLLECTION

DE FEU M.

# CH. FORGET

## TABLEAUX

### DESSINS, AQUARELLES, FAÏENCES

### CURIOSITÉS

EXPOSITION PUBLIQUE : Dimanche 16 Mars 1873

| COMMISSAIRE-PRISEUR | EXPERT |
|---|---|
| CHARLES PILLET | DURAND-RUEL |
| 10, rue de la Grange-Batelière | 16, rue Laffitte |

### PARIS

### 1873

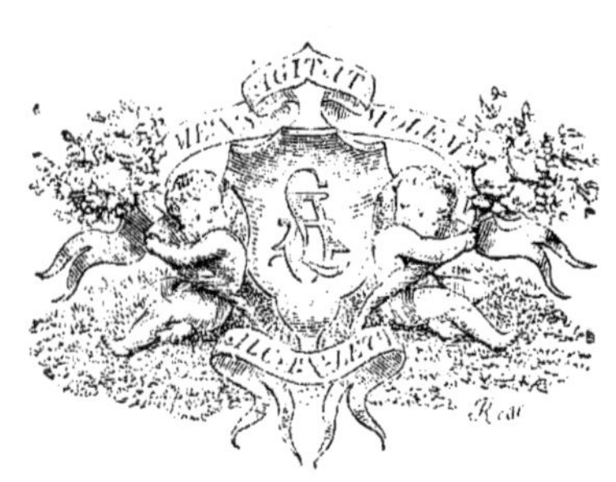

PARIS — IMPRIMERIE ALCAN-LÉVY, 61, RUE DE LAFAYETTE.

# CABINET

DE FEU M.

# CHARLES FORGET

# ORDRE DES VACATIONS

## Le Lundi 17 Mars 1873

Les Peintures et partie des Dessins modernes.

## Le Mardi 18 Mars 1873

Suite des Dessins modernes et partie des Dessins anciens

## Le Mercredi 19 Mars 1873

Fin des Dessins anciens. — Faïences. — Curiosités.

# CATALOGUE

### ·DE

# TABLEAUX

## ET DESSINS

### MODERNES ET ANCIENS

### FAÏENCES, CURIOSITÉS

COMPOSANT LE CABINET DE FEU

# M. CHARLES FORGET

DONT LA VENTE AURA LIEU

## HOTEL DROUOT, Salle n° 3

### Les Lundi 17, Mardi 18, et Mercredi 19 Mars 1873

A DEUX HEURES

Exposition publique, le Dimanche 16 Mars 1873

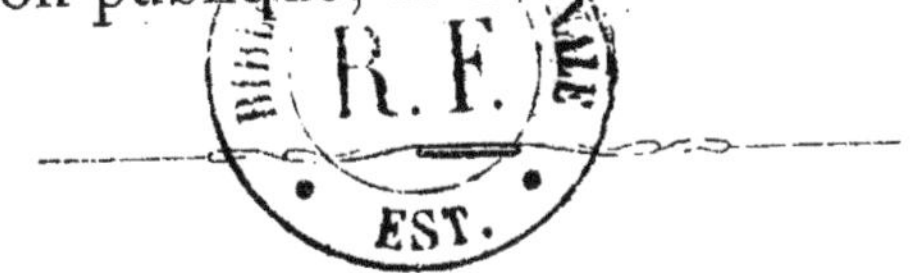

|  |  |
|---|---|
| COMMISSAIRE-PRISEUR | EXPERT |
| M<sup>e</sup> CHARLES PILLET | M. DURAND-RUEL |
| 10, rue de la Grange-Batelière | 16, rue Laffitte |

# PARIS

## 1873

# CONDITIONS DE LA VENTE

Elle sera faite au comptant.

Les adjudicataires payeront *cinq pour cent*.

Paris. — Imprimerie Alcan-Lévy, 61, rue de Lafayette.

Nous avons trop bien connu à sa juste valeur M. Forget, notre ami, pour ne pas consacrer quelques lignes à sa mémoire, au moment où le monde de la curiosité s'occupera de ses collections.

Nous aurions développé davantage nos derniers souvenirs, si nous n'avions craint, jusque dans la tombe, d'offenser sa modestie.

Charles Forget est né à Paris. Son père fut employé au ministère de la guerre, où il était devenu chef de bureau.

A seize ans, en 1823, il s'engageait dans le 3e régiment du génie, dont M. de Beaufort d'Hautpoult, ami de sa famille, était colonel. Il n'y put être admis qu'en qualité de tambour gagiste, à raison de son jeune âge ; mais il était en réalité un des secrétaires du colonel.

Il resta deux ans au régiment, fort aimé de ses camarades et recherché dans la ville d'Arras, comme un enfant de Paris qu sait égayer tout ce qui l'entoure.

a

A dix-huit ans (1825), il put entrer surnumé-
raire au ministère de la guerre et, deux ans après ,
il avait à peine 1,5oo francs d'appointements.

Son père mourut en décembre 183o, dans l'exer-
cice de ses fonctions. Il ne laissait qu'une pen-
sion des plus modiques à sa veuve et à ses deux
enfants. Forget était le seul soutien de sa famille;
il ne perdit pas courage, et pendant de longues
années, réduit à ses seules ressources de commis de
la guerre, il fut un modèle de dévouement et d'atta-
chement, offrant avec gaîté tout ce que son travail
lui rapportait pour le partager avec sa mère et avec
sa sœur, qu'il ne quitta jamais.

Le goût que la jeunesse de cette époque avait
pour les scènes militaires d'Horace Vernet et de
Charlet, le porta vers Géricault et Eugène Delacroix. Il devint bien vite militant, dans la grande
dispute des classiques et des romantiques, et il prit
aussitôt parti pour la nouvelle école qui se formait
par les travaux de Delacroix, de Gigoux, de Jules
Dupré, de Théodore Rousseau, de Cabat, de Paul
Huet, etc., etc.

Le nouveau clan eut son organe, un journal
d'art, délibéré et rédigé par les artistes et par les
jeunes écrivains qui avaient déclaré la guerre aux
classiques, la *Liberté*.

Forget en fut le secrétaire. Il en rédigea le pros-
pectus et le programme, et il y donna son concours
jusqu'à l'épuisement des forces de ce curieux journal.

Il continua, dans les publications du temps, à rédiger quelques articles sur les Salons. Quand Eugène Delacroix eut exécuté ses belles peintures à la Chambre des députés et que l'opinion publique se fut déchaîné contre lui, Forget écrivit une critique sur ce superbe enfantement du maître et n'hésita pas à prendre la défense de Delacroix.

Il n'était pas de ceux qui louvoient habilement au milieu des idées et des hommes; passionné pour ce qu'il trouvait bien, il aimait à se compromettre, à combattre. Il portait ses convictions jusqu'à l'absolu, toujours prêt à l'attaque et infatigable dans la discussion.

Eugène Isabey, Dupré, Diaz, Cabat doivent se souvenir combien, aux époques de luttes, il était déjà passionné pour leur talent, combien il aimait à propager leurs œuvres, à en affirmer la valeur.

Tout pauvre qu'il fût, il s'était formé autour de lui un petit cercle de jeunes artistes qui se rendaient assidûment chez lui, y tenaient soirée et discutaient sur l'art. C'est là que se groupèrent souvent Daumier, Jeanron, Lorentz, Chenavart, Diaz, Théodose Burette, Granville, Bouneau, Cabat, Moriset, Giraut, Eugène Forest, Gustave Planche, les deux Johannot, Falempin, les deux frères Wattier et Jeanret, le comique séide de Decamps.

Quand la victoire vint enfin se fixer au camp de la nouvelle école, Forget, plus calme dans ses ardeurs, porta son activité et ses études sur les gravures,

les dessins anciens, les médailles, les meubles d'au
trefois, sur toutes ces curiosités dédaignées alors et
que la génération récente accapare avec cet entraî-
nement dont nous sommes aujourd'hui les témoins.

Il était toujours en quête; et, dans cette chasse à
la curiosité, il mit la main sur de charmantes productions d'art, qu'il cédait ou offrait avec la même
facilité aux artistes qu'il aimait. C'est ainsi qu'il se
défit d'états remarquables de Rembrandt et de
spécimens très recherchés maintenant des petits
maîtres allemands et de nos artistes français, alors
inconnus.

Quand l'étude de nos anciens monuments go-
thiques vint occuper l'attention publique, Forget
étudia l'art oublié de nos anciens peintres verriers.
Il s'y appliqua avec l'ardeur qu'il mettait à toutes
choses, analysa les substances vitrifiées et chercha
le moyen d'en ressaisir les puissantes couleurs.

La manufacture de Choisy-le-Roi lui donna,
sans le savoir, dans les rebuts et les déchets de sa
fabrication, toute une palette de nuances et de tons
qui le mirent sur la voie des anciennes productions
vitrifiantes. Il vit bien que le procédé n'était pas
perdu, mais que c'était l'art de composer, de grou-
per, d'assembler ces mosaïques transparentes, qui
manquait plutôt à notre éducation d'art qu'à notre
science archéologique. Il résolut d'en retrouver
l'esprit et la loi.

Il composa et exécuta avec Lorentz, en 1840 et

1841, un vitrail qui représente quatre sujets philosophiques du moyen âge : *la Folie, la Mélancolie, la Débauche* et *la Sagesse*, avec des devises en style du temps.

En 1843 et 1844, avec le même concours de Lorentz qui l'aida comme dessinateur, il fit la restauration et la réparation des vitraux de la chapelle du vieux château de Villebon, près Chartres, construit en 1440 pour Guillaume d'Estouteville, et où moururent Sully et Nicolas de Thou.

Ce fut Néret, l'habile contre-maître de Préault, qui en disposa les plombs et replaça ce vitrail, sous l'œil de Forget, qui dirigea et conduisit tout l'ensemble de l'opération.

Forget composa et exécuta encore, avec Dadure le peintre, un vitrail qui représentait saint Henri et la Vierge, pour la chapelle d'un château. Le donataire était figuré au bas de la composition. Ce vitrail fut exposé au Salon de 1846 et il lui fut donné la place d'honneur; on y voyait là une résurrection caractérisée des maîtres anciens. C'est M. le comte de Noë qui en fit l'acquisition.

Si Forget avait pu conduire de front son emploi au ministère de la guerre et ses travaux de verrier, il nous aurait laissé de curieux documents théoriques et pratiques sur cet art naïf et charmant de nos anciens artistes; mais il fallut opter et il dut à regret se donner exclusivement à l'administration, qui finit par le nommer chef de bureau, officier de la Légion d'honneur et secrétaire de la dotation de l'armée.

Ses relations avec les artistes le portèrent tout naturellement à s'occuper de peinture. Sans autre maître que lui-même et avec quelques mots de M. Eugène Isabey, il se mit à peindre l'aquarelle et à faire des études sur le paysage. Ces tentatives ont une expression souvent naïve, inexpérimentée, mais toujours empreinte d'un sentiment de recherche, de vérité et de scrupuleuse attention. Il aimait à donner à ses amis des vues des Vosges, du Bourbonnais, du Blaisois, du Gâtinais, de la Normandie, où il avait été étudier, sur place, les vieilles demeures et les sites intéressants.

Théodore Rousseau et François Millet se plaisaient à voir ces manifestations spontanées d'un homme qui n'avait jamais eu pour guide que son instinct et sa logique, et nous nous souvenons d'avoir vu ces maîtres modernes montrer les pages modestes de Forget à de jeunes artistes trop portés à la jactance des procédés, comme le travail d'une intelligence qui ne livrait rien au hasard et qui tentait de rendre avec conscience la somme exacte de ses sensations.

Atteint vers 1848 d'une maladie qui ne pardonne pas, Forget toujours riant, toujours prompt à la recherche, oubliait ses souffrances dans cette course aux découvertes qui stimule sans cesse celui qui aime le beau et le bien.

C'est ainsi qu'il forma son cabinet, qui n'a point la prétention de répondre aux ambitions d'un collectionneur de haute lisse, mais qui n'en renferme pas moins des suites de peintures, de dessins, de curiosités qui ont été choisies avec le goût épuré d'un artiste.

Jusqu'à sa dernière heure, Forget ne se démentit pas. Il fut fidèle à ses affections, occupé jusqu'à sa mort de ses amis, de ses portefeuilles, cherchant à nier le mal ou à en perdre le souvenir. Il prolongeait sa vie, que sa sœur, la plus dévouée des compagnes, lui ménageait comme une flamme qui va s'éteindre; il la prolongeait par ces douces occupations du collectionneur. Ce combat contre la mort dura longtemps. Forget la sentit approcher et la considérait avec une certaine indifférence. Le 13 janvier 1873, il cessa de souffrir.

Si Forget avait été riche, il aurait laissé un cabinet qui eût attaché un souvenir durable à son nom dans la mémoire des amateurs; il n'en sera pas moins apprécié des connaisseurs, parce que tout y a sa raison d'être, parce que tout y provoque un commentaire que de son vivant il aimait à donner, et que tout y dénote un œil exercé, un esprit sain et investigateur.

On y verra de jolis spécimens de Bonington, de Géricault, de Charlet, d'Eugène Delacroix, d'Isabey, de Raffet, de Théodore Rousseau, de François Millet, de Jules Dupré, de Diaz, de Paul Huet, de Deveria et de tous ces artistes qui luttèrent avec courage pour imposer enfin leur valeur à l'opinion publique, car Forget devinait l'étoile, voyait poindre l'étincelle, et il fut un de ceux qui surent prévoir l'avenir et le talent d'un commençant.

On ne verra pas dans cette notice biographique une pensée orgueilleuse qui aurait répugné au caractère de Forget, mais seulement ce que nous tenons à constater chez cet amateur honnête et perspicace :

Pour le collectionneur, il fut un esprit sagace et chercheur, un des premiers qui, avec des ressources trop restreintes, réhabilitèrent les temps que le dix-huitième siècle avait méconnus.

Pour l'art contemporain, il en comprit toute la portée et en devança le mouvement.

Pour ses amis, et c'est surtout pour ceux-là que nous avons essayé cette notice, nous avons voulu rappeler, au moment où ses épargnes artistiques vont être dispersées, qu'il fut un cœur aimant, un caractère probe et sûr qui ne sera pas oublié.

ALFRED SENSIER.

# PEINTURES

---

## BONINGTON

**1. La Vallée de l'Arno.**

Au fond les Apennins.

Sur carton.

Larg.. 45; haut. 32

## BOUTON

**2. Ruines d'un couvent près Naples.**

Haut. 24; larg. 17.

1

# CICÉRI

**3. Les Sables de Jean de Paris.**

Haut. 29; larg. 32.

# DECKER (Cornélius)

4. **Un Tisserant**, scène d'intérieur.

Signé *Cornélius Decker*, 1650.

Tableau unique d'intérieur de ce maître, dont on ne connaît que des paysages.

Sur bois. — Larg. 51; haut. 37.

# DELACROIX (Eugène)

5. **Lion terrassant une femme et un enfant.**

Haut. 27; larg. 32.

# DIAZ

**6. Gorges d'Apremont et Jean de Paris.**

Haut. 22; larg. 40.

# DIAZ

**7. Intérieur de la forêt de Fontainebleau.**
1860.

Haut. 40; larg. 52.

# DIAZ

**8. Baigneuse dans un paysage.**

Haut. 23 1/2; larg. 18 1/2.

# DIAZ

**9. Soleil couchant.**

Haut. 32; larg. 44.

# DUMARESQ (Armand)

**10. Nature morte.—Livres et Objets d'étude.**

Haut. 19; larg. 26.

# DUMARESQ (Armand)

**11. Le Rageur**, chène de la Forèt de Fontainebleau.

Haut. 16; larg. 11.

# DUMARESQ (Armand)

**12. Gorges des Vosges.**

Haut. 27; larg. 21.

# DUMAS (Ant.)

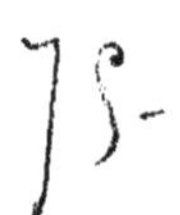

**13. Un Barbier espagnol.**

Haut. 29; larg. 23.

# DUPRÉ (Jules)

**14. Ormes penchés sur un cours d'eau.**

Haut. 32: larg. 24.

# DUTILLEUX

**15. Bords de l'Oise.**

Haut. 29: larg. 43.

# DUTILLEUX

**16. Au Mont Ussy. — Forêt de Fontaine-bleau.**

7 octobre 1855.

Haut. 26: larg. 33.

# FRAGONARD (attribué à)

**17. Un Homme jouant du violon sur son lit.**

Haut. 31: larg. 23.

# HARPIGNIES

18. **Une Rivière**.

Haut. 46; larg. 32.

# HÉDA

19. **Nature morte. — Verre, pain et poisson**.

Haut. 29; larg. 36.

# HEILBUTH

20. **Gentilhomme du temps de Louis XIII**.

Haut. 28; larg. 19.

# HERVIER

21. **Plateau de Bellecroix; Forêt de Fontainebleau**.

Haut. 36; larg. 48 1/2.

# HERVIER

**22. Chaumières et Moulins à vent.**
1851.

Haut. 32; larg. 21.

# HERVIER

**23. Barques dans un port de Normandie.**
1848.

Haut. 32; larg. 24.

# HERVIER

**24. Ville de Normandie. — Cathédrale.**

Haut. 18; larg. 12.

# HUET (Paul)

**25. Paysage. — Environs de Paris.**

Haut. 25; larg. 30.

# ISABEY (Eugène)

**26. Faubourg de Saint-Malo.**

Haut. 45: larg. 35.

# LATOUR (Fantin)

**27. Fruits.**

Haut. 16: larg. 30.

# LATOUR (Fantin)

**27 *bis*. Fleurs de Printemps.**

Haut. 33: larg. 25.

# MICHEL

**28. Hauteurs de Samois.**

Haut. 20: larg. 31.

# MILLET (J. François)

**29. Petite Gardeuse d'oies.**

Haut. 32: larg. 19.

# NAZON

**30. Dessous de bois.**

Haut. 34: larg. 26.

# PRÉVOST

**31. Petite Fille en chapeau.**

Haut. 17: larg. 12.

# PRUD'HON (Ecole de)

**32. Tête de Jeune Fille.**

Haut. 38: larg. 27.

# PUVIS DE CHAVANNES

**33. Une Bohémienne. — Tête d'étude.**

Haut. 33: larg. 25.

# RIBÉRA

**34. Un Mendiant.**

Haut. 56; larg. 42.

# RIGAUT (Hyacinthe)

**35. Portrait de la Duchesse de Berry, fille du Régent.**

Haut. 40; larg. 32.

# ROUSSEAU (Théodore)

**36. Paysage. — Soleil couchant.**

Haut. 14 : larg. 21.

# VINCENT

**37. Portrait de M. de Paulmy d'Argenson.**

Haut. 19: larg. 15.

# VERNET (Horace)

**38. Tête de Vieillard.**

Haut. 56: larg. 44.

# VOLLON

**39. Souvenir de Watteau.**

Haut. 49 ; larg. 22.

# VOLLON

**40. Fleurs d'automne.**
1864.

Haut. 45; larg. 37.

# VOLLON

**41. Tête de Bohémienne.**

Haut. 42; larg. 26.

# DESSINS & AQUARELLES

## MODERNES

---

## A. ANDRIEUX

42. **Officiers du temps de la République.**

Crayon rehaussé d'aquarelle.

43. **Environ quinze dessins à la plume et à l'aquarelle.**

Ce lot sera divisé.

## BIDA

44. **Turcs assis, tenant une pipe.**

Dessin crayon noir, sur papier bleu.

# BIDA

**45. Femme kurde à la fontaine.**

Mine de plomb sur papier blanc.

# BIDAULD (J. J. X.)

**46. Paysage d'Espagne.**

Croquis à la sépia.

**47. Monument sépulcral près d'une mare.**

Dessin au crayon noir.

# BONAFFÉ

**48. Marine. — Soleil levant.**

Fusain.

# BONNINGTON

**49. Marguerite et Faust.**

Sépia.

**50. Bords de la Seine près Rouen.**

Aquarelle.

# BONVIN (LÉON)

**51. Pervenches , Violettes et Herbes sau-
vages.**

Crayon noir.

# BOUNEAU JULES

**52. Un lot de cinq croquis, au crayon noir et
à la plume.**

Sera divisé.

# BRÉMOND (JEAN)

**53. Un lot de dessins et croquis divers.**

Sera divisé.

**54. Environ quinze Dessins et Croquis.**

Ce lot pourra être divisé.

# BOUDIN

**55. Une plage.**

Pastel.

**56. Plage à marée basse.**

Pastel.

# BOUDIN

**57. Berger et son troupeau.**

Pastel.

**58. Étude de ciel.**

Pastel.

# CALAME

**59. Montagne, vue de Suisse.**

Aquarelle.

# CHARLET

**60. Soldat autrichien en corvée.**

Aquarelle.

**61. Un Cantonnier.**

Dessin à la plume.

**62. Un Policeman.**

1820.    Aquarelle.

# CHENAVARD

**63. Portrait de Paganini.**

Dessin mine de plomb.

# CICÉRI PÈRE

**64. Intérieur de serre chaude.**

Aquarelle.

# CICÉRI (EUGÈNE)

**65. Le pont de Gretz.**

1850.

Dessin au crayon noir, sur papier bleu.

**66. Entrée de jardin d'un château.**

Aquarelle.

# COUTURE

**67. Conversation sous la feuillée.**

Dessin crayon noir.

# DADURE (ALPHONSE)

**68. Trois dessins de vitraux. — Saint Henri.
— La Vierge et l'Enfant Jésus.**

# DAUMIER

**69. Femme et jeune enfant.**

Dessin au crayon noir.

**70. La Justice.**

Dessin au crayon noir.

**71. Homme poursuivant un chien.**

Dessin à la plume.

# DAUZATS

**72. Bords de la Seine.**

Aquarelle.

**73. Cathédrale de Saint-André, à Bordeaux.**

Dessin à la plume, sur papier à décalquer.

(Vente Dauzats.)

# DAUZATS

**74. Portrait du colonel Delarue.**

Mine de plomb rehaussee.


**75. L'église Saint-Séverin, à Bordeaux.**

Mine de plomb.

(Vente Dauzats.)


**76. Vue des Pyrénées Orientales.**

Mine de plomb.

(Vente Dauzats.)


**77. Vue des Pyrénées Orientales.**

Mine de plomb.

(Vente Dauzats.)


**78. Types de Gitanos, à Perpignan.**

Quatre Dessins à la mine de plomb, rehaussés d'aquarelle.

(Vente Dauzats.)

Seront divisés.


**79. Notre - Dame de Montserrat, près Barcelone.**

Aquarelle.

(Vente Dauzats.)

# DAUZATS

80. **Intérieur de l'église de la Madeleine, à Troyes.**

Dessin à la mine de plomb, rehaussé d'aquarelle.

(Vente Dauzats.)

81. **La porte de la prison, à Troyes. — Portail de l'hôtel Palasseine, à Toulouse. — Intérieur d'une salle de conseil, à Séville.**

Dessins à la mine de plomb; 3 feuilles.

(Vente Dauzats.)

82. **L'Église Saint-Urbin, à Troyes.**

Aquarelle.

(Vente Dauzats.)

83. **Intérieur de la cathédrale de Reims.**

Dessin à la mine de plomb et aquarelle.

(Vente Dauzats.)

84. **L'Église Saint-Jean-Baptiste, à Troyes.**

Mine de plomb.

(Vente Dauzats.)

# DAUZATS

**85. Intérieur du Château des Augustins, à Toulouse.**

Mine de plomb.

(Vente Dauzats.)

**86. L'Église Saint-Rémi, à Reims.**

Mine de plomb rehaussée d'aquarelle.

(Vente Dauzats.)

**87. Une Tramariota, à Lisbonne.**

Dessin à la mine de plomb rehaussé d'aquarelle.

(Vente Dauzats.)

**88. Intérieur de l'Église del Transito, à Tolède.**

Dessin à la plume.

(Vente Dauzats).

# DAUZATS

**89. L'Orgue de la cathédrale de Séville.**
Dessin à la mine de plomb.

(Vente Dauzats.)

**90. Études au Mont Serrat, près Barcelone.**
Aquarelles; 2 feuilles.

(Vente Dauzats.)

**91. Type de Franciscain. — Type de Moine de la Merci.** Portraits faits à Madrid en 1833.
Aquarelle; 2 feuilles.

(Vente Dauzats.)

**92. Le Père Elias Clausas, Carme chaussé de Barcelone.**
Portrait à l'aquarelle.

(Vente Dauzats.)

**93. Le Père Manuel Font, Franciscain de Barcelone. — Don Ignacio, curé de Molino, à Madrid.**
Deux aquarelles.

(Vente Dauzats.)

# DAUZATS

**94. Types de Marabouts et Marchands mu-
sulmans.**

Crayon noir et mine de plomb; 2 feuilles.

(Vente Dauzats.)

**95. Tour mauresque. — Espagne.**

Aquarelle.

**96. Trois Croquis à la mine de plomb.**

Trois feuilles.

# DECAMPS

**97. Portrait de Jadin** (*charge*).

Mine de plomb.

**98. Deux Amazones.**

Crayon noir.

**99. Un Turc.**

Sépia.

**100. Pêcheurs en pleine mer.**

Mine de plomb.

# DECAMPS

101. **Femme se reposant**.

> Dessin au crayon noir.

102. **Femme qui fait la bouillie à son enfant,**
intérieur.

> Aquarelle signée : *Decamps*.

# DELACROIX (EUGÈNE)

103. **Le Château d'Angerville**.

> Aquarelle.

104. **Détroit de Gibraltar. — Côte d'Afrique.**

> Aquarelle.

105. **Les Côtes près Toulon,**

> Aquarelle.

106. **Une Vallée des Pyrénées.**

> Aquarelle.

107. **Turc assis au milieu des ruines.**

> Aquarelle.

108. **Femme du Maroc assise.**

> Aquarelle.

# DELACROIX (EUGÈNE)

**109. Artisans Marocains et Maures.**

Études au crayon et à l'aquarelle.


**110. Tigre endormi.**

Aquarelle.


**111. Ruines d'un Château dans les Pyrénées.**

Aquarelle.


**112. Étude de fleurs d'automne.**

Aquarelle.


**113. Méphistophélès sortant des Enfers.**

Frontispice du *Faust*.        Aquarelle.


**114. Cascade et Torrent au milieu des rochers.**

Deux aquarelles.


**115. Costumes marocains.**

Etudes à l'aquarelle (4 feuilles.)

# DELACROIX (EUG.)

**116. L'Hermite de Kopmanhurst.**

Encre de Chine.

**117. Cicéron plaidant contre Verrès.**

Dessin au crayon. — Étude pour l'un des pendentifs de la Chambre des députés.

**118. Hérodote consultant les Mages.**

Pendentif de la Chambre des députés.

**119. Marphise , Études au crayon et à la plume.**

Un dessin au crayon, un à la plume.

**120. Un Tigre.**

Mine de plomb.

**121. Costumes des Pyrénées.**

Études au crayon (3 feuilles).

**122. Études d'animaux.**

Dessins au crayon (2 feuilles.)

**123. Études au crayon d'après des statues antiques.**

3 feuilles.

# DELACROIX (EUGÈNE)

**124. Types Russes.**

Dessins au crayon noir, d'après un ouvrage illustré.

(3 feuilles.)

**125. Types d'après Daumier.**

Crayon noir.

**126. Études et torses pour la Chambre des députés.**

Dessin au crayon et à l'encre (7 feuilles).

**127. Études et Croquis. — Intérieurs. — Paysages et Figures.**

Aquarelle et crayon.

# DEHODENCQ (ALFRED)

**128. Femmes du Maroc.**

Aquarelle.

**129. Aquarelles et Croquis à la plume.**

Seront divisés.

# DESHAYES

130. **Entrée de bois.**

Aquarelle.

# DEVÉRIA (EUGÈNE)

131. **Scène de Walter Scott.**

Aquarelle.

# DIAZ

132. **Scènes d'Intérieur.**

Deux aquarelles.

Seront divisées.

# DUNKER

133. **Falaises au bord d'un lac.**

Aquarelle.

# DUPRÉ (JULES)

134. **Le Pont de Batignies , Forêt de Compiègne.**

Dessin crayon noir.

# DUTILLEUX

**135. Une Rue de Village.**

Aquarelle.

**136. Études de Paysage à la mine de plomb.**
**— Un Paysage à l'encre de Chine.**

# ENFANTIN

**137. Intérieur de Forêt.**

Dessin à la mine de plomb.

# FRANCIA

**138. Champ de blé.**

Aquarelle.

**139. Bateaux pêcheurs s'éloignant des côtes.**

Aquarelle.

**140. Marine, ciel orageux.**

Aquarelle.

**141. Marine.**

Aquarelle.

**142 Église près d'une route.**

Sépia.

# GALETTI

**143. Un Pont rustique.**

Aquarelle.

# GAVARNI

**144. Un Débardeur.**

Croquis à la plume.

**145. Un Débardeur.**

Dessin à l'encre rouge.

# GÉRICAULT

**146. Jeune Napolitain aveugle jouant du violon.**

Dessin à la plume.

**147. Tête de Nègre.**

Aquarelle.

# GESLIN

**148. Une plaine au soleil couchant.**

Aquarelle.

# GESLIN

**149. Ruines d'un Temple romain.**

Dessin à l'encre et au bistre.

**150. Dessins au fusain d'après une statue antique.**

# GIRAUD (E.)

**151. Un Espagnol.**

Aquarelle.

# GRANET

**152. Intérieur d'un Château antique.**

Aquarelle.

**153. Dessins à la sépia.**

Trois croquis (4 feuilles).

# GROS (ANTOINE-JEAN)

**154. Portrait au crayon.**

# HENNEQUIN

**155. Palais romain.**

Dessin à la plume et sépia.

# HERSON

**156.  Le Village de Barbizon.**
Aquarelle.

**157.  Plaine près Barbizon.**
Aquarelle.

# HERVIER

**158.  L'Ancienne  Voirie  des  Buttes  Chau-
mont.**
Aquarelle.

**159.  La Seine, à Neuilly.**
Aquarelle.

**160.  La Seine, près de Neuilly.**
Aquarelle.

**161.  Canot échoué au Tréport.**
Aquarelle.

# HERVIER

**162. Bateaux pêcheurs.**

Sépia.

**163. Entrée de bois.**

Aquarelle.

**164. Étude de Poules et Canards.**

Aquarelle.

**165. Le Pilier des Halles.**

Aquarelle.

**166. Intérieur de cour, à Rouen.**

Aquarelle.

**167. Cheval normand à l'écurie.**

Aquarelle.

**168. Une Rue de Rouen.**

Mine de plomb et aquarelle.

# HERVIER

169. **Poules et Canards.**
Aquarelle.

170. **Paysage à Touques (Normandie).**
Aquarelle.

171. **Un Lot de Croquis et Études, à la mine de plomb : A Marly , Calais , Conflans et Environs de Paris.**
Ce lot sera divisé.

# HUET (PAUL)

172. **La Seine vue de Saint-Cloud.**
Aquarelle.

# ISABEY PÈRE

173. **Portrait de Paër.**
Crayon noir.

174. **Vestris le danseur.**
Dessin à la plume et au lavis.

## ISABEY PÈRE

**175. Portraits charges.**

A l'encre de Chine.

Seront divisés.

## ISABEY (EUGÈNE)

**176. Cutter en mer.**

Grisaille à l'huile sur carton.

**177. Habitation sur le bord de la mer.**

Aquarelle.

**178. Falaise des côtes de Normandie.**

1845.                    Aquarelle.

**179. Jetée et Entrée de port.**

Aquarelle.

**180. Marine.**

## JACOBBER

**181. Études de Fleurs diverses.**

Huit études à l'huile.

Seront divisées.

# JACOBBER

**182. Abricots, Grenades, Figues et Châtaignes.**

Études à l'aquarelle. (5 feuilles.)

Seront divisées.

**83. Fleurs de différentes espèces.**

Études à l'aquarelle et au crayon (4 feuilles).

Seront divisées.

# JACQUE (CH.)

**184. Mare près d'un bois.**

Dessin à la plume.

# JEANRON

**185. Études au fusain.**

**186. Une Chaumière.**

Aquarelle.

# JUHEL

**187. Valse de Pierrots. — Scène de carnaval.**
Aquarelle.

**188. Le Vieil Émigré.**
Aquarelle.

**189. Lithographie coloriée de la Descente de Mamamouchy aux Enfers.**

**190. Vieillard se reposant.**
Aquarelle.

**191. Joueur d'orgue.**
Aquarelle.

**192. Scène fantastique. Étude pour la Tentation de saint Antoine.**
Aquarelle.

**193. Saint Antoine endormi.**
Aquarelle.

# JUHEL

**194. Peintre et Amateur**.

Aquarelle.


**195. Vagabond**.

Sépia.


# LALANNE

**196. Le Point du jour**.

Dessin au fusain.


**197. Les Buttes Montmartre à la plaine Saint-Ouen**.

Fusain.


# LAMY (EUGÈNE

**198. Soldats partant et Soldats en campagne**,

Deux dessins à la plume.


**199. Un Hussard et deux feuilles, croquis à la plume**.

Etude au crayon et aquarelle.

# LAFFITTE

**200. Jeune Femme dans un lit.**

Dessin à la mine de plomb.

# LABEULLE

**201. Études d'arbres.**

Deux dessins à la plume.

# LEBLANC (CLAUDE-THÉODORE)

**202. Turc debout.**

Aquarelle et gouache.

# LESSORE (E.)

**203. Marchands Turcs.**

Aquarelle.

**204. Une vieille Église et Maisons rustiques.**

Deux dessins à la sépia.

# LORENTZ (A.)

**205. Huit Croquis à la plume ou à l'encre de Chine.**

Seront divisés.

# MANSON (TH.)

**206. L'Eglise Saint-Maclou, à Rouen.**

Dessin à la mine de plomb et encre de Chine.

# MICHEL

**207. Plaine Saint-Denis et groupe d'arbres.**

Aquarelle.

**208. Le Vieux Boulevard extérieur.**

Fusain.

# MILLET (J.-FRANÇOIS)

**209. Un Vanneur.**

Sépia.

**210. Jeune Berger avec chien et mouton.**

Crayon noir.

**211. Croquis à la plume.**

# MILLET (BAPTISTE)

**212. Étude près la Mare aux Evées (Forêt de Fontainebleau.)**

Dessin à la mine de plomb.

**213. Cours d'eau près Saint-Denis.**

Dessin au fusain.

# MONNIER (HENRY)

**214. Confidences.**

Aquarelle.

**215. Religieux assis.**

Aquarelle.

# OUVRIÉ (JUSTIN)

**216. Route dans un village Suisse.**

Sépia.

# PAPETY (DOM.)

**217. Paysanne des environs de Rome.**

Aquarelle.

# PIGAL

**218. Causerie familière.**

Sépia.

# PRÉVOST (J.-L.)

**219. Etudes de Fleurs diverses.**

Aquarelles.

*(Plus un lot Études de fleurs et plantes marines.)*

# PRUD'HON

**220. Portrait de M. de Sommariva.**

Crayon noir rehaussé.

# PUVIS DE CHAVANNES

**221. Tête de Jeune Fille.**

Dessin au crayon.

# RAFFET

**222. Types et Costumes d'ouvriers fondeurs, à Abainville.**

Aquarelles.

(Vente San Donato.)

# RAFFET

**223. Toulon. — Les Cariatides de Pujet près la place d'Espagne.**

Dessin au crayon et à l'aquarelle.

(Vente San Donato.)

**224. Port de Toulon. Canot conduit par des forçats.**

Aquarelle.

(Vente San Donato.)

**225. Enterrement à Toulon.**

Dessin au crayon et à l'aquarelle.

(Vente San Donato.)

**226. Jeune Fille Valaque.**

Aquarelle.

(Vente San Donato.)

**227. Jeunes Hommes Valaques.**

Aquarelle.

(Vente San Donato.)

**228. Femmes Turques.**

Aquarelle.

**229. Portrait d'un chef arabe.**

Aquarelle.

# RAFFET

**230. Femmes de Déré-Koni.**

Dessin rehaussé.

(Vente San Donato.)

**231. Enfants de Déré-Koni.**

Études à l'aquarelle.

(Vente San Donato.)

**232. La Giralda, à Séville.**

Dessin au crayon teinté d'aquarelle.

(Vente San Donato.)

**233. Étude d'âne, à Séville.**

Aquarelle.

(Vente San Donato.)

**234. Études de costumes et Vues de Séville.**

Dessins au crayon noir et à la mine de plomb.

(9 feuilles)     (Vente San Donato.)

**235. Un Soldat hongrois.**

Aquarelle.

(Vente San Donato.)

**236. Intérieur d'une Salle de bal, pour le Voyage en Crimée.**

Esquisse à l'aquarelle.

(Vente San Donato )

## REGNAULT (HENRI)

**237. Trois Croquis. — Études en Espagne.**

Mine de plomb.


## ROQUEPLAN (CAMILLE)

**238. Moulin à vent.**

Aquarelle.


## ROUSSEAU (THÉODORE)

**239. Plaine au sortir d'un bois.**

Aquarelle.


**240. Groupe de Chênes dans les Landes.**

Dessin à la plume et aquarelle.


**241. Moulin à eau.**

Sépia.


**242. Chaumières sous de grands chênes (Landes.)**

Première pensée de son tableau.

Crayon noir.


**243. Petit Chêne près d'une mare.**

Dessin à la plume.

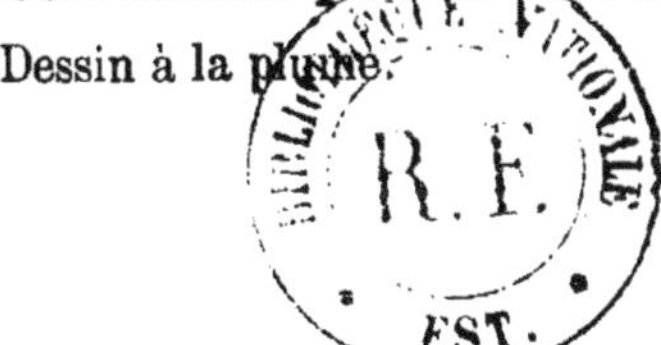

# ROUSSEAU (THÉODORE)

**244. Une Mare dans la Forêt de Fontaine-bleau.**

Dessin à la plume.

**245. Coteaux de l'Isle-Adam.**

Dessin à la plume.

**246. Route dans les roches d'Arbonnes.**

Dessin à la plume.

**247. Étude d'arbres. (Franche - Comté.)**

Croquis à la plume.

**248. Étude près Choisy-le-Roy.**

Mine de plomb.

**249. Groupe d'arbres au Fay (Berry).**

Dessin au crayon.

**250. Le Dormoir de Belle-Croix.**

Dessin au crayon.

**251. Six Croquis divers à la plume.**

Deux feuilles.

# ROUSSEAU (THÉODORE)

**252. Deux Croquis rehaussés de sépia. (Forêt de Fontainebleau.)**

**253. Quatre Croquis à la plume ( Forêt de Fontainebleau.)**

**254. Bruyères et Rochers.**

Deux dessins crayon noir.

**225. La Plante à Biau.**

Deux dessins au crayon noir.

**256. Croquis dans le Berry.**

Crayon noir.

**257. Etudes. (Forêt de Fontainebleau et dans le Doubs.)**

Trois croquis.

**258. Le Dormoir de Belle-Croix.**

Deux croquis au crayon.

# ROUSSEAU (PHILIPPE)

**259. Cygnes dans un bassin.**

Aquarelle.

# ROWLANDSON

260. **Course au clocher**.

Aquarelle et gouache.

261. **Troupeau de bœufs et moutons dans un paysage montagneux.**

Aquarelle.

262. **Pêcheurs au bord de la mer**.

Aquarelle.

263. **Baigneuses. — Femme conduisant un âne**.

Deux aquarelles.

264. **Boxeurs anglais**.

Dessin à l'encre, rehaussé.

# SOUMY (F.)

265. **Une Fileuse**.

Aquarelle.

# TAYLOR (BARON)

266. **Fouilles dans les souterrains d'un monastère antique.**

Sépia.

# THOMAS (J. A. B.)

267. **Il Signor Lito**.

> Aquarelle.

268. **Portrait d'Odry** (*rôle de Vampire Larose*).
> Gouache.

269. **Un Violoncelliste**.

> Dessin à la mine de plomb.

270. **Paysanne des environs de Rome**.
> Dessin mine de plomb.

271. **Pifferari. — Il Carnacciaro**.
> Dessin à la mine de plomb.

# TROYON

272. **Intérieur breton**.

> Fusain.

273. **Etude de vache, au fusain**.

274. **Un Gavre dans la Creuse**.

> Dessin au fusain.

275. **Deux Dessins au pastel**.

276. **Deux Paysages**.

> Dessins au fusain.

# VERNET (HORACE)

**277. Costumes de Femmes,** pour le *Journal des Modes.*

Douze aquarelles.

Pourront être divisées.

# VERNET (CARLE)

**278. Cavalier et type comique.**

Crayon noir.

# VOLLON

**279. Le Pont-Royal.**

Fusain.

**280. Le Pont-au-Change.**

Fusain.

**281. Un Chemin derrière Montmartre.**

Fusain.

**282. Les Buttes Montmartre.**

Crayon noir.

# VOLLON

**283. Baraques à Montmartre**.

Aquarelle.

**284. Une Carrière près Saint-Denis**.

Fusain.

**285. Le Pont-des-Arts**

Fusain.

# WYLD

**286. Vue de Véronne**.

Aquarelle.

**287. Vue de Bagnères de Bigorre**.

Sépia.

# YONGKIND

**288. Vue de Harfleur**.

Aquarelle.

# YONGKIND

289. **Moulin à vent.**
Aquarelle.

290. **Vue prise à Anvers.**
Aquarelle.

291. **La Côte près du Havre.**
Aquarelle.

292. **Marée basse près du Havre.**
Aquarelle.

293. **Rochers au bord de la mer, au Havre.**
Aquarelle.

294. **Entrée de port. — Bâtiments en panne.**
Aquarelle.

295. **Bateaux échoués, à Sainte-Adresse.**
Aquarelle.

296. **Saint-Parizi-le-Châtel (Nièvre).**
Aquarelle.

297. **Le Bassin du Havre.**
Dessin au fusain et aquarelle.

# YONGKIND

**298. Navires en rivière.**

Crayon noir.


# ZAMACOIS

**299. Une Sortie de bal.**

Aquarelle.

(Vente Zamacoïs.)


**300. Soldat du temps de Charles IX.**

Aquarelle.

(Vente Zamacoïs.)


**301. Les Conférences.—Religieux espagnols.**

Aquarelle.

(Vente Zamacoïs.)


# ZIEM

**302. Vue de la Corniche. — Pyrénées.**

Croquis au crayon.

Seront divisés.


**303. Un Lot d'environ cent quarante croquis, dessins, aquarelles,** dont plusieurs par Andrieux, Decamps, J. Lorentz, Millet, P. de Chavannes, Dehodencq, Bidault, Geslin, J. Brémont, etc., etc.

Ce lot sera divisé.

# DESSINS ANCIENS

---

## ANGELO (FRATER)

304. **Musique des Pères Capucins.**
Sépia.

## AVERCAMP (H. VAN)

305. **Entrée de Rivière et Ville maritime en Hollande.** (*Collection Kaïeman, de Bruxelles.*)
Dessin à la plume et à l'aquarelle.

306. **Pêcheurs près d'Amsterdam.**
Dessin à la plume et aquarelle.

# AVERCAMP (H. VAN)

**307. Casseurs de glace en Hollande.**

Dessin rehaussé d'aquarelle.

**308. Pêcheurs sur le rivage.**

Dessin à la plume et à l'aquarelle (*Signé.*)

# AVOKONGH

**309. Chaumières et Arbres.**

Dessin à l'encre de Chine.

# BALDUNG (HANS)

**310. Saint Nicolas.**

Dessin à la plume.

**311. Un Blason.**

Dessin à la plume et au crayon rouge.

# BANDINELLI (BACCIO)

**312. Etude de torses et poses diverses.**

Dessin à l'encre de Chine.

**313. Étude de main.**

Dessin à la plume.

# BAROCHE

**314. Le Christ au milieu des Docteurs.**

Dessin à la sépia.

# BARTOLOMEO (FRA)

**315. Tête de Jeune Femme.**

Dessin à la pierre noire.

# BATTONI (POMPEO)

**316. Études de nu.**

Deux dessins à la sanguine. (2 feuilles.)

# BENVENUTO CELLINI

**317. Saint Paul.**

Dessin à la plume.

# BIGNOLI (DE CRÉMONE)

**318. Chapelle des Morts.**

Dessin à la sépia.

# BOLOGNE (JEAN DE)

**319. Etude d'Homme.**

Dessin à la plume.

# BOLOGNÈSE (GRIMALDI LE)

**320. Château en ruines.**

Dessin à la plume.

**321. Château-fort en ruines.**

Dessin à la plume.

# BOSCOLI (ANDREA)

**322. Un Supplice.**

Dessin à la sépia.

**323. Entrée triomphale d'une Armée.**

Sépia.

# BOTH (d'Italie)

324. **Paysage italien.**

# BOUCHER

325. **Neptune et Amphitrite.**

    Dessin sanguine.

326. **Femme endormie.**

    Dessin au crayon noir rehaussé de blanc.

# BREMBERG (BARTOLOMEO)

327. **Une Prière.**

    Dessin à l'encre.

328. **Maisons et Ruines.**

    Dessin à l'encre.

# BRESCIA (ROSA DE)

329. **Exaltation de saint Pierre.**

    Dessin à la sépia.

# BRESCIA (ROSA DE)

**330. La Vierge apparaît à un saint évêque martyr.**

Dessin à l'encre.


# J. BREUGHEL (DE VELOURS)

**331. Un Laboureur flamand.**

Dessin à la sépia.


# CADES (GIUSEPPE)

**332. Vierge et Enfant.**

Dessin à l'encre de Chine.


# CAMBIASO (LUCA)

**333. L'Annonciation aux Bergers.**

Dessin à la plume et au bistre.


**334. Priam, à genoux devant le palladium.**

Dessin à la plume rehaussé de blanc.


**335. La Sainte Famille.**

Dessin à l'encre.

# CANO (ALONZO)

**336. Vision de saint Antoine.**

Dessin à la plume.

**337. Moines brûlant des livres.**

Dessin à la sépia.

# CANTARINI (SIMON)

**338. Le Miracle de saint François.**

Dessin à la plume.

# CARRACHE (ANNIBAL)

**339. Paysage italien.**

Dessin à la plume.

**340. Cavaliers dans un paysage.**

Dessin à la plume.

**341. Vénus dansant.**

Dessin à la plume.

# CASTIGLIONE (BENEDETTO)

**342. Figures au bistre.**

# CAVEDONE (JACQUES)

**343. Le Christ insulté.**

Dessin à l'encre.

# CHATELET

**344. Cascade du Giesbak (Suisse).**

Aquarelle. (*Signée*.)

**345. Cascade du Giesbak.**

Gouache.                                        (1780)

# CORRÉGE (Ecole de)

**346. Étude d'Homme.**

Dessin à la sanguine.

**347. Études d'Hommes d'après nature.**

Dessins à la pierre noire et sanguine.

# COYPEL

**348. Vénus entourée de Nymphes.**

Dessin au crayon rouge.

# DANLOUX

**349. Portrait de Femme.**

Sanguine.


# DESRAIS (C.-L.)

**350. Faunes et Femme.**

Dessin à la sépia.


# DIÉTRICH (C.-W.)

**351. Joueur de vielle.**

Dessin à l'encre.


# DIETZSCH (JEAN-CHRISTOPHE)

**352. Pont et tour antique.**

Dessin à la pierre noire. *(Signé.)*


# DONDUCCI

**353. L'Assomption de la Vierge.**

Sépia.


# DROLLING (MARTIN)

**354. La Conversation.**

Dessin à la plume.

# DYCK (van)

**355. Tête d'Homme.**

Crayon noir.


# EVERDINGEN (albert van)

**356. Paysage suisse.**

Dessin à la plume et à l'aquarelle.

**357. Village au bord d'une rivière.**

Dessin à la plume.


# FETI (domenico)

**358. La Vierge, l'Enfant Jésus et saint Jean.**

Dessin à la plume.

**359. La Vierge, l'Enfant Jésus et saint Jean.**

Dessin à la plume.


# FILIPEPI (a.)

**360. L'Adoration.**

Dessin à la sanguine.

# FLINCK (GEWAERT)

**361. Portrait d'Homme.**

Dessin à la pierre noire.

# FOSSE (CH. DE LA)

**362. Encadrement de glace rocaille.**

Aquarelle.

**363. Urne antique.**

Dessin à l'encre.

# FRAGONARD

**364. Le Tirage au sort, scène de la Révolution de 1793.**

Mine de plomb.

# GILLOT (CLAUDE)

**365. Danse de Faunes, dessin de bas-relief.**

Crayon blanc et noir.

**366. Étude d'Homme en costume de cour.**

Sanguine.

## GOLTZ (HENRI)

**367. Étude de Femme debout.**

Dessin à l'encre (deux faces).

## GOYEN (VAN)

**368. Fabrique en ruines.**

Dessin à la plume, rehaussé de sanguine.

## GUARDI (F.)

**369. Intérieur d'un Palais des Doges, à Venise.**

Dessin à l'encre.

**370. Intérieur d'un ancien Château.**

Dessin à la plume et lavis à l'encre.

## GUERCHIN (LE)

**371. Paysage.**

Dessin à l'encre.

**372. Le Christ et Madeleine.**

Dessin à la plume.

# GUERCHIN (LE)

**373. Paysage.**

Dessin à la plume.


# GUIDO RENI

**374. Saint Rémi, évêque.**

Dessin à la pierre noire.


**375. La Vierge.**

Dessin au crayon rouge.


# HEYDEN (VAN DER)

**376. Maisons. — Promenade publique.**

Aquarelle.


# JOANÉS (JUAN DE)

**377. Christ en croix.**

Dessin à la plume et sépia.

## JOUVENET

378. **Tête de vieille Femme.**
Pastel.

## KAUFFMANN (ANGELICA)

379. **Jeune Fille portant des fruits.**
Dessin au fusain.

## KOBEL (FERDINAND)

380. **Berger et Moutons dans un bois et près d'une mare.**
Dessin à la plume.

## LATOUR (M. QUENTIN DE)

381. **Portrait d'Homme, non terminé**
Crayon noir et blanc.

382. **Portrait non terminé.**
Dessin rehaussé de couleurs.

# LATOUR

**383. Projets de Portraits, non achevés.**

Dessin au crayon rouge et sanguine. (2 feuilles.)

# LE BRUN (CHARLES)

**384. Jupiter apparaît à Latone. — Projet de plafond.**

Dessin au crayon rouge *(ovale)*.

# LE BRUN (EL. LOUISE VIGÉE)

**385. Jeune Femme assise.**

Dessin à la plume.

# LÉPICIÉ

**386. Femme et Enfant près du feu.**

Dessin gouache.

**387. Petit Garçon jouant au bilboquet.**

Dessin au crayon rouge.

# LIAGNIO (FILIPPO DI)

**338. Combat de Cavaliers.**

Dessin à la plume.

# LUYCKEN (J.)

**339. Combat contre les Vices. — Allégorie.**

Dessin à la plume et encre de Chine.


# MARATTE (CARLE)

**90. Adoration de l'Enfant Jésus.**

Dessin à la plume et encre de Chine.


# MARILLIER

**391. La Chimie.**

Dessin à l'encre de Chine.


# MURILLO (ESTEBAN)

**392. Dieu et le Christ.**

Dessin à la plume.


**393. Un Ange apparaît à saint Vincent.**

Dessin à la plume.


**394. Le Mystère de saint François.**

Dessin à l'encre de Chine.

# OUDRY

**395. Épervier et Héron.**

Dessin à l'huile, sur papier, avec une notice de l'auteur.

**396. Étude de Grues.**

Dessin mine de plomb.

# PALMA (LE JEUNE)

**397. Le Christ en croix.**

Dessin à la plume.

# PANINI (G. PAOLO)

**398. Ruines d'un Temple romain.**

Dessin à la pierre noire et à l'encre.

# PATER (J.-B.)

**399. Un Gentilhomme Louis XV en grand costume.**

Dessin au crayon rouge.

# PARMESAN (LE)

**400. Saint Antoine en prière.**

Dessin à la plume.

**401. Scène romaine.**

Dessin à la plume et lavis.

**402. Une Danseuse.**

Dessin à la plume.

# PERINO DEL VAGA (BUONACORCI)

**403. Amour dansant, dessin de bas-relief.**
Sanguine.

# PINELLI

**404. Italiens au repos.**
Aquarelle.

# PIOMBO (SÉBASTIEN DEL)

**405. Le Couronnement d'épines.**
Dessin à l'encre de Chine.

# PIRANESI (GIAMBATTISTA)

**406. Croquis à la plume.**

Deux feuilles.

**407. Croquis à la sanguine.**

Quatre croquis sur deux feuilles.

**408. Études à la plume.**

# POUSSIN (NICOLAS)

**409. Têtes d'Études au bistre.**

**410. Coutumes Grecques. — Une Femme lave les pieds à un Voyageur.**

Dessin à la plume et sépia.

# POUSSIN (Ecole de)

**411. Château-fort et Paysage.**

Dessin à la plume.

# PRIMATICE

**412. L'Amour désarmé.**

Dessin à l'encre.

**413. Un Fleuve.**

Dessin à la plume.

# RAFAELLINO DEL GARBO

**414. Ordination d'un Évêque.**

Dessin à l'encre de Chine.

# REMBRANDT

**415. Saint Joseph et la Vierge dans l'étable.**

Dessin à la plume.

**416. Orphée charmant les Animaux.**

Dessin à la plume.

**417. Un Juif d'Amsterdam.**

Crayon.

# RIBERA

**418. Vision de saint François.**

Esquisse à la sépia.

# RIBERA

419. **Le Crucifié**.

Esquisse à l'encre gouache.

# ROBERT-HUBERT

420. **Ruines romaines**.

Fusain.

# ROSELLI (MATTEO)

421. **Un Saint, martyr**.

Dessin à la sanguine.

# ROSSO (LE)

422. **Grands - Prêtres juifs haranguant les guerriers**.

Dessin à l'encre.

# ROTTENHAMER (J.)

423. **Les Miracles de l'Annonciation. — La Conception et la Naissance du Christ**.

Trois dessins à l'encre.

# RYCKAERT (DAVID)

**424. Un Soldat.**

Dessin à la pierre noire.


# SAINT-AUBIN (GABRIEL DE)

**425. Scène des Halles.**

Dessin à la plume.

**426. Femme couchée.**

Dessin à la plume.


# SANTI

**427. Scène de Comédie.**

Dessin à la plume et à l'encre de Chine, avec légende de l'auteur.


# SARTO (ANDRÉA DEL)

**428. Jeune Garçon, étude d'après nature.**

Dessin à la sanguine.


# SIRANI

**429. Elisabeth et l'Enfant Jésus.**

Dessin au bistre.


# SPAENDONCK (G. VAN)

**430. Étude de Branches sèches.**

Aquarelle.

# SWANEVELT (HERMAN)

431. **Montagne et ancienne ville en Italie**.
Dessin à l'encre.

# TEERLINK

432 **Mulets et Muletiers sur une route, dans un bois**.
Dessin à l'encre de Chine.

# TIEPOLO

433. **Le Jugement du Grand Prêtre**.
Sépia.

434. **Tête de Vieillard en bonnet de fourrure**.
Sépia.

435. **La Vierge et l'Enfant**.
Dessin à l'encre.

436. **Procession Juive**.
Dessin à l'encre.

437. **Le Christ prêchant dans une grotte**.
Dessin à la plume et encre de Chine.

438. **Scène du Calvaire**.
Dessin à la plume et sanguine.

439. **Déesse transportée sur un nuage**.
Dessin à l'encre.

# TITIEN (LE)

440. **Paysage**.

Dessin à la plume.


# TROY (J.-F DE)

441. **Amende honorable**.

Dessin à l'encre de Chine.


# ULFT (J. VAN DER)

442. **Ruines Romaines**.

Dessin à l'encre.

443. **Une Place publique et des monuments dans une Ville d'Italie**.

Dessin à la sépia.


# UDINE (JEAN D')

444. **Vénus. — Esquisse pour un projet de monument**.

Dessin à la plume.

445. **Combat d'Amazones**.

Dessin à la plume

# VASARI

**446. La Vierge et l'Enfant adorés par les Apôtres.**

Dessin à la sépia.


# PAUL VÉRONÈSE (Ecole de)

**447. L'Adoration des Mages.**

Dessin à la plume.


**448. Le Jugement de Salomon.**

Dessin à l'encre.


# VOS (M. DE)

**449. Allégorie Chrétienne.**

Dessin à la plume, pour servir à la gravure exécutée par *C. Kil.*


# WANEWETSCH (De Bâle)

**450. Vorstellung offre du secours à Lichtstall**

Dessin à l'encre de Chine.

# WATTEAU (de Lille)

451. **Jeune Dame et son chien.**
Dessin au crayon.

452. **Deux Portraits à la mine de plomb.**

453. **Trois Croquis au crayon.**
Projets de portraits.

454. **Projets de Portraits.**
Croquis au crayon.

455. **Têtes de Petites Filles.**
A l'encre de Chine.

# WELDE (W. VAN DE)

456. **Barque et Bricks-Goëlettes au vent.**
Encre de Chine.

# WILLE (JEAN-GEORGES)

457. **L'Étude de la Géographie.**
Fusain.

# WITDOECK (HANS)

458. **Écussons. — Études.**

Signés et datés.

Deux dessins à la plume et encre de Chine.

# WITEL (GASPARD VAN)

**459. Cirque et Monument Romains.**

Dessin à l'encre.

# WITT (JACOB DE)

**460. Les Pères et les Docteurs de la Foi Chrétienne. — Dessin pour un Frontispice d'église.**

Encre de Chine.

# ZUCCHARO (TADDEO)

**461. L'Adoration des Bergers.**

Dessin à la plume.

**462. La Présentation au Temple.**

Dessin à l'encre.

**463. La Pâques.**

Dessin à la sépia.

**464. Le Départ pour le combat.**

Dessin a la sépia *(signé)*.

**465. Scène mythologique.**

Dessin à la plume.

**466. L'Adoration des Bergers.**

Dessin à l'encre.

# ZUCCARO FÉDERICO)

**467. Persée et Andromède.**

Dessin à la sanguine.


**468. Tête de Femme.**

Dessin pierre noir rehaussé.


**469. Études diverses**

Dessin à la plume.


# INCONNU

**470. Jongleurs et Jouteurs au XVIe siècle.**

Très beau dessin à la plume.

# FAIENCES & CURIOSITÉS

471. **Aiguière, faïence bleue turquoise, monture en cuivre.**

Perse.

472. **Deux Assiettes, à paysages et ruines.**

Fabrique de Venise.

473. **Bouteille, faïence bleue turquoise, monture cuivre, gravé.**

Perse.

474. **Bouteille à long col, faïence de Delft, bleue et blanche.**

**475. Plaque camé, tête de Vieillard.**
Fabrique des Abruzes.

**476. Coupe, avec portrait de Femme.**
Fabrique d'Urbino.

**477. Coupe creuse, le Taureau de Phalaris.**
Fabrique d'Urbino.

**478. Coupe, Actéon changé en cerf.**
Fabrique d'Urbino.

**479. Coupe compartiment et feuillages, au centre un amour.**
Fabrique Castel-Durante.

**480. Coupe décor camaïeu, rehaussé jaune et vert.**
Fabrique de Faenza.

**481. Coupe à reflets métalliques, amour sur une oie.**
Très joli pièce de Gubbio.

**482. Petite coupe dentelée, à compartiments renfermant des figures de béliers séparés par des termes à têtes de béliers; au centre une figure nue.**

Urbino.

**483. Coupe à reliefs blancs; au centre, feuillage.**

**484. Cornet décoré de feuillages et d'un médaillon.**

Castel-Durante.

**485. Cornet orné d'un blason, à croissant.**

Castel-Durante.

**486. Drageoir, feuillages reflets métalliques.**

Deruta.

**487. Petit Drageoir, bordure circulaire orange et bleu.**

Caffagio'o.

**488. Fruitière à jours, — Armoiries.**

Trévise.

489. **Fruitière à jour, fond amour**
Trévise.

490. **Grès de Flandre gris bleuté , arabesques, XVI<sup>e</sup> siècle.**

491. **Grès de Flandre gris bleuté, arabesques sur le devant, cartouche avec inscription.**

492. **Grès de Flandre, à compartiments gris et bleus, goulot formé par un mascaron.**

493. **Grès de Flandre, feuillages fond bleu, mascaron formant le goulot.**

494. **Grès de Flandre, anse à goulot, fond gris violacé, décoré de feuillages.**

495. **Grès de Flandre gris et bleu, bas-relief à figures militaires, très fin.**

496. **Grès de Flandre uni, à trois anses.**

497. **Grès de Flandre, à feuillages.**

**498. Plat creux, bleu sur blanc.**

Fabrique de Delft

**499. Plat, dessin damier bleu et blanc.**

Fabrique Caffagiolo.

**500. Plat bordure feuillages et inscriptions, femme tenant une fiole.**

Fabrique de Derute.

**501. Plat dentelé émail bleu et blanc.**

**502. Tasse trembleuse et soucoupe faïence de Rhodes.**

**503. Vase à anse, décor bleu et or.**

Vieux japon.

**504. Vitrail Suisse, rond représentant des joueurs de cartes, XVIe siècle.**

**505. Verre de Venise, à ailerons.**

506. **Vidrecome, verre émaillé, allemand ;
armoiries et inscriptions.**

507. **Vidrecome allemand émaillé, avec me-
sures inscrites.**

508. **Montre anglaise, époque Louis XIV, cise-
lée, cadre gravé.**

509. **Clef en fer ciselé, avec son étui.**

510. **Armes Turques et Persanes.**

511. **Plusieurs pièces non cataloguées.**
Seront vendues sous ce numéro.

512. **Bordures et cadres en bois sculpté.**

Paris. — Imprimerie Alcan-Lévy, 61, ıe de Lafayette.

www.ingramcontent.com/pod-product-compliance
Ingram Content Group UK Ltd.
Pitfield, Milton Keynes, MK11 3LW, UK
UKHW031838170726
13836UKWH00004B/1748